Feliz Cumpleaños, Martin Luther King

por Jean Marzollo • Ilustrado por J. Brian Pinkney

Traducido por Dr. Alberto Romo

SCHOLASTIC INC.

New York Toronto London Auckland Sydney

Original title: *Happy Birthday, Martin Luther King*

No part of this publication may be reproduced in whole or in part, or
stored in a retrieval system, or transmitted in any form or by any
means, electronic, mechanical, photocopying, recording, or
otherwise, without written permission of the publisher.
For information regarding permission, write to Scholastic Inc.,
730 Broadway, New York, NY 10003.

ISBN 0-590-47507-X

1 2 3 4 5 6 7 8 9 10   3 4 5 6 7 8 9/9

Printed in the U.S.A.

First Scholastic printing, September 1993   08

Original edition: January 1993

Para Alana Jerrae Regina Prince,
nacida el 11 de abril de 1991, y a la memoria
de Ronald Patten, 1961–1990.
— J.M.

Para mis suegros
Gwen y Phil
— B.P.

Prólogo a los padres y maestros

El trágico suceso del asesinato de Martin Luther King puede resultar demasiado difícil y violento para los niños de edad pre-escolar. Si se cree que la palabra "asesinado", que aparece en la página 30, no es apropiada para el niño o para los niños a quienes se les va a leer este libro, se puede decir simplemente que Martin Luther King "murió" en 1968.

No es realmente necesario explicarles a niños tan pequeños la violencia que rodeó la muerte del Reverendo King para lograr que ellos comprendan su mensaje de paz y su lucha por los derechos humanos. Quizás es por esa misma razón que cuando les contamos a los niños pequeños la historia de Abraham Lincoln, tampoco les decimos que fue asesinado. Pensamos que es mejor esperar hasta que sean mayores para que conozcan estas realidades tan terribles.

Y como el recuerdo del asesinato de Martin Luther King está aún latente en nuestras mentes, podemos hablarles a los niños acerca de su muerte y que así participen del proceso de nuestro profundo dolor. Creo que si presentamos el tema en una forma sensible, encontraremos que los niños podrán encarar la verdad y aceptar la muerte — aun la muerte en forma violenta, y que ellos, igual que nosotros, sabrán comprender, a través del dolor, que es la muerte la que da significado a la vida.

Jean Marzollo

Martin Luther King, hijo, nació
el 15 de enero de 1929 en Atlanta, Georgia.
Fue un hijo muy querido por sus padres.

Martin Luther King se llamaba igual que su padre, con una pequeña diferencia: mientras que éste era conocido como Martin Luther King, padre, a él lo llamaban Martin Luther King, hijo.

Martin cursó sus estudios de escuela elemental, escuela secundaria y escuela superior en Atlanta. Siempre fue un buen estudiante. Más tarde realizó estudios de Teología en Pennsylvania.

Martin, siguiendo los pasos de su padre, se convirtió en pastor protestante de la Iglesia Bautista de Ebenezer, en Atlanta. Ambos recibían el nombre de Reverendo.

Su labor como ministro consistía en ayudar a los necesitados. Visitaba a los enfermos en los hospitales y esto los hacía sentirse mejor.

Siempre trató de que sus semejantes no pelearan
entre sí. Opinaba que los problemas podían resolverse
por medios pacíficos.

Igual que su padre, supo guiar a los congregantes a través del salmo y la plegaria.

El Reverendo Martin Luther King, hijo, es famoso porque ayudó a cambiar algunas de las leyes de nuestro país. Una ley es como un reglamento. En algunos lugares existían leyes que establecían que sólo los blancos tenían derecho a sentarse en la parte delantera del autobús, mientras que los negros tenían que hacerlo en la parte posterior.

Martin Luther King dijo que esta ley debía suprimirse. Rosa Parks y otros lo ayudaron en su lucha. Hoy cualquier persona puede ocupar el asiento que desee.

En algunos lugares existían leyes que prohibían a los Afro-americanos entrar en ciertos restaurantes y beber en algunas fuentes de agua. Martin Luther King, junto con muchos otros luchadores, consiguió cambiar estas leyes. Ahora todas las personas pueden frecuentar los mismos restaurantes y beber en todas las fuentes de agua.

También había una ley que no permitía a los niños negros y blancos asistir a las mismas escuelas. Martin Luther King y otros seguidores, incluyendo entre ellos a muchos niños valerosos, hicieron cambiar esta ley. Hoy los niños blancos y los niños negros pueden ir juntos a las mismas escuelas.

Martin Luther King poseía una aptitud especial para ser líder. Cuando hablaba, todos lo escuchaban: pobres, ricos, blancos, negros y hombres, mujeres y niños del mundo entero. Muchos trabajaron, marcharon, cantaron y oraron con él en pos de justicia.

Durante el verano de 1963, Martin Luther King, hijo, pronunció el discurso más famoso de su vida. El acto tuvo lugar al aire libre, ante 250,000 personas que habían venido a Washington, D. C., de todas partes del país, para pedirle al Presidente mejores oportunidades de trabajo y mayor libertad para los negros. En su discurso, Martin Luther King declaró que él había tenido un sueño. Soñó que llegaría el día en que todos los hombres, mujeres y niños aprenderían a vivir en paz y armonía.

En 1968, Martin Luther King, hijo, fue asesinado por la causa por la que tanto había luchado. Como él había amado tanto a los pobres, recibió un funeral especial en Atlanta, Georgia, donde había nacido. Su cuerpo fue colocado en una carreta, tirada por dos mulas, mientras era conducido al cementerio. Miles de personas lo acompañaron en un triste y conmovedor desfile.

En la lápida aparecen grabadas estas hermosas palabras:
"¡Al fin libre, libre al fin! Gracias a Dios Todopoderoso,
soy libre al fin".

REV. MARTIN LUTHER KING JR.
1929 — 1968

"Free at last, Free at last,
Thank God Almighty
I'm Free at last"

Martin Luther King deseaba que todos pudieran acudir juntos a los mismos lugares, compartir el pan y amarse los unos a los otros en paz. Como él luchó tanto por la libertad y ayudó a muchos a lograrla, todos nosotros lo honramos en un día especial, el día de su cumpleaños. Este día se conoce como el Día de Martin Luther King.